The Future of AI: A Roadmap to Our Destiny

भविष्य का AI: हमारी नियति की रूपरेखा

Ashish

Copyright © [2023]

Title: The Future of AI: A Roadmap to Our Destiny
Author's: Ashish

This book was printed and published by [Publisher's: **Ashish**] in [2023]

ISBN:

Table of content

Chapter 1: Introduction: What is AI and why is it important?

Chapter 1 : परिचय: एआई क्या है और यह क्यों महत्वपूर्ण है?

एआई क्या है?

आर्टिफिशियल इंटेलिजेंस (AI) मशीनों को बुद्धिमानी से व्यवहार करने की क्षमता प्रदान करने का विज्ञान है। इसका मतलब है कि AI सिस्टम ऐसी समस्याओं को हल कर सकते हैं जिनके लिए मानव बुद्धि की आवश्यकता होती है, जैसे कि सीखना, तर्क करना और निर्णय लेना।

AI को कई अलग-अलग तरीकों से परिभाषित किया गया है, लेकिन एक सामान्य परिभाषा यह है कि AI वह है जो मशीनों को वह करने की अनुमति देता है जो आमतौर पर मनुष्यों को करने के लिए बुद्धि की आवश्यकता होती है। इसका मतलब है कि AI सिस्टम सीख सकते हैं, अनुकूलित कर सकते हैं, और समस्याओं को हल कर सकते हैं जो पहले से ही प्रोग्राम नहीं हैं।

AI का उपयोग कई अलग-अलग क्षेत्रों में किया जा रहा है, जिनमें शामिल हैं:

- स्वास्थ्य देखभाल: AI का उपयोग बीमारियों का निदान करने, उपचार की योजना बनाने और दवाओं को विकसित करने में मदद करने के लिए किया जा रहा है।
- वित्त: AI का उपयोग धोखाधड़ी का पता लगाने, जोखिम का आकलन करने और निवेश के फैसले लेने में मदद करने के लिए किया जा रहा है।
- परिवहन: AI का उपयोग स्वयं-ड्राइविंग कारों, ट्रकों और ड्रोन को विकसित करने में मदद करने के लिए किया जा रहा है।

- ग्राहक सेवा: AI का उपयोग चैटबॉट और वर्चुअल सहायक विकसित करने में मदद करने के लिए किया जा रहा है जो ग्राहकों को सहायता प्रदान कर सकते हैं।
- विनिर्माण: AI का उपयोग उत्पादन प्रक्रियाओं को अनुकूलित करने, गुणवत्ता नियंत्रण करने और रोबोट को नियंत्रित करने में मदद करने के लिए किया जा रहा है।

AI के कई संभावित लाभ हैं। उदाहरण के लिए, AI का उपयोग स्वास्थ्य देखभाल में बेहतर निदान और उपचार प्रदान करने के लिए किया जा सकता है, वित्त में धोखाधड़ी को कम करने के लिए किया जा सकता है, और परिवहन में दुर्घटनाओं को कम करने के लिए किया जा सकता है।

हालांकि, AI के कुछ संभावित जोखिम भी हैं। उदाहरण के लिए, AI का उपयोग स्वचालन के लिए किया जा सकता है, जिससे नौकरियां खत्म हो सकती हैं। AI का उपयोग निगरानी और नियंत्रण के लिए भी किया जा सकता है, जो निजता और स्वतंत्रता के लिए खतरा पैदा कर सकता है।

AI के लाभों और जोखिमों को संतुलित करना महत्वपूर्ण है। यह सुनिश्चित करना महत्वपूर्ण है कि AI का उपयोग नैतिक और जिम्मेदार तरीके से किया जाए।

AI के भविष्य के बारे में क्या कहा जा सकता है?

AI के भविष्य के बारे में भविष्यवाणी करना मुश्किल है, लेकिन यह स्पष्ट है कि AI हमारे जीवन का एक तेजी से बढ़ता हुआ हिस्सा बन जाएगा। AI का उपयोग हमारे जीवन को बेहतर बनाने के कई तरीकों से किया जा सकता है, लेकिन यह महत्वपूर्ण है कि हम AI के संभावित जोखिमों को भी समझें और उन्हें कम करने के लिए कदम उठाएं।

AI को हमारे भविष्य को आकार देने में एक प्रमुख भूमिका निभाना तय है। यह महत्वपूर्ण है कि हम AI की क्षमता को समझें और इसे नैतिक और जिम्मेदार तरीके से विकसित करें और उपयोग करें।

आर्टिफिशियल इंटेलिजेंस कैसे काम करता है?

आर्टिफिशियल इंटेलिजेंस (AI) मशीनों को बुद्धिमानी से व्यवहार करने की क्षमता प्रदान करने का विज्ञान है। इसका मतलब है कि AI सिस्टम ऐसी समस्याओं को हल कर सकते हैं जिनके लिए मानव बुद्धि की आवश्यकता होती है, जैसे कि सीखना, तर्क करना और निर्णय लेना।

AI कई अलग-अलग तरीकों से काम कर सकता है, लेकिन एक सामान्य सिद्धांत यह है कि AI सिस्टम डेटा और एल्गोरिदम का उपयोग करके सीखते हैं। डेटा वह जानकारी है जो AI सिस्टम को दिया जाता है, जैसे कि छवियों, ग्रंथों या संख्याओं का सेट। एल्गोरिदम नियमों का एक सेट है जो AI सिस्टम को डेटा का विश्लेषण करने और उससे सीखने की अनुमति देता है।

AI सिस्टम सीखने के दो मुख्य तरीके हैं:

- **सुपरवाइज्ड लर्निंग:** सुपरवाइज्ड लर्निंग में, AI सिस्टम को लेबल वाले डेटा के साथ प्रशिक्षित किया जाता है। लेबल वाले डेटा का मतलब है कि डेटा को पहले से ही सही उत्तरों के साथ जोड़ा गया है। उदाहरण के लिए, एक सुपरवाइज्ड लर्निंग सिस्टम को छवियों के एक सेट के साथ प्रशिक्षित किया जा सकता है, जहां प्रत्येक छवि को एक लेबल दिया गया है, जैसे कि "बिल्ली" या "कुत्ता"। AI सिस्टम इन छवियों का विश्लेषण करेगा और सीखेगा कि बिल्लियों और कुत्तों के बीच अंतर कैसे किया जाए।
- **अनसुपरवाइज्ड लर्निंग:** अनसुपरवाइज्ड लर्निंग में, AI सिस्टम को लेबल वाले डेटा के बिना प्रश पैदा किया जाता है। AI सिस्टम को पैटर्न पहचानने और डेटा से अंतर्दृष्टि निकालने के लिए सीखना चाहिए। उदाहरण के लिए, एक अनसुपरवाइज्ड लर्निंग सिस्टम का उपयोग यह सीखने के लिए किया जा सकता है कि किसी वेबसाइट पर कौन से उत्पाद सबसे लोकप्रिय हैं। AI सिस्टम वेबसाइट पर उपयोगकर्ता व्यवहार के डेटा का विश्लेषण करेगा और यह

सीखेगा कि कौन से उत्पाद सबसे अधिक बार देखे और खरीदे जाते हैं।

एक बार जब AI सिस्टम प्रशिक्षित हो जाता है, तो वह नए डेटा पर अपने ज्ञान का उपयोग करने और निर्णय लेने में सक्षम होता है। उदाहरण के लिए, एक छवि पहचान प्रणाली का उपयोग किसी छवि में किसी व्यक्ति की पहचान करने के लिए किया जा सकता है, या एक अनुशंसा प्रणाली का उपयोग किसी उपयोगकर्ता को यह अनुशंसा करने के लिए किया जा सकता है कि वह कौन सी फिल्में देख सकता है या कौन सी किताबें पढ़ सकता है।

AI के कुछ सामान्य अनुप्रयोग

AI का उपयोग कई अलग-अलग क्षेत्रों में किया जा रहा है, जिनमें शामिल हैं:

- **स्वास्थ्य देखभाल:** AI का उपयोग बीमारियों का निदान करने, उपचार की योजना बनाने और दवाओं को विकसित करने में मदद करने के लिए किया जा रहा है। उदाहरण के लिए, AI का उपयोग चिकित्सा छवियों को पढ़ने और उनमें पैटर्न पहचानने में मदद करने के लिए किया जा सकता है, जैसे कि ट्यूमर या अन्य असामान्यताएं।
- **वित्त:** AI का उपयोग धोखाधड़ी का पता लगाने, जोखिम का आकलन करने और निवेश के फैसले लेने में मदद करने के लिए किया जा रहा है। उदाहरण के लिए, AI का उपयोग असामान्य लेनदेन की पहचान करने के लिए किया जा सकता है जो धोखाधड़ी के संकेत हो सकते हैं।
- **परिवहन:** AI का उपयोग स्वयं-ड्राइविंग कारों, ट्रकों और ड्रोन को विकसित करने में मदद करने के लिए किया जा रहा है। उदाहरण के लिए, AI का उपयोग यह पता लगाने में मदद करने के लिए

किया जा सकता है कि सड़क पर अन्य वाहनों और पैदल चलने वालों के साथ कैसे बातचीत करें।

- ** ग्राहक सेवा:** AI का उपयोग चैटबॉट और वर्चुअल सहायक विकसित करने में मदद करने के लिए किया जा रहा है जो ग्राहकों को सहायता प्रदान कर सकते हैं। उदाहरण के लिए, AI का उपयोग ग्राहक प्रश्नों का उत्तर देने, समस्याओं का समाधान करने और उत्पादों और सेवाओं की सिफार

आर्टिफिशियल इंटेलिजेंस (AI) का इतिहास

आर्टिफिशियल इंटेलिजेंस (AI) का इतिहास प्राचीन काल से ही शुरू होता है, जब दार्शनिकों ने पहली बार यह सवाल पूछा कि क्या मशीनें बुद्धिमान हो सकती हैं। हालांकि, AI के रूप में हम इसे आज जानते हैं, इसका विकास 20वीं शताब्दी के मध्य में ही शुरू हुआ।

AI के शुरुआती दिन

1950 के दशक में, AI के क्षेत्र में कई महत्वपूर्ण प्रगति हुई। इनमें से सबसे महत्वपूर्ण में से एक था एलन ट्यूरिंग का पेपर "कंप्यूटिंग मशीनरी और इंटेलिजेंस"। इस पेपर में, ट्यूरिंग ने एक परीक्षण का प्रस्ताव रखा, जिसे अब ट्यूरिंग टेस्ट के रूप में जाना जाता है, यह निर्धारित करने के लिए कि क्या कोई मशीन बुद्धिमान है।

1956 में, जॉन मैकार्थी ने डार्टमाउथ सम्मेलन का आयोजन किया, जिसे AI के जन्म के रूप में जाना जाता है। इस सम्मेलन में, मैकार्थी और अन्य अग्रणी वैज्ञानिकों ने AI के क्षेत्र के लिए लक्ष्य और दिशानिर्देश निर्धारित किए।

AI का सुनहरा युग

1960 और 1970 के दशक को AI का सुनहरा युग माना जाता है। इस समय के दौरान, AI में कई महत्वपूर्ण प्रगति हुई, जिनमें शामिल हैं:

- पहली बार, कंप्यूटरों को स्वचालित रूप से सीखने के लिए सिखाया गया।
- AI का उपयोग समस्याओं को हल करने के लिए किया जाने लगा जो पहले कंप्यूटरों के लिए हल करना असंभव था।
- AI का उपयोग चिकित्सा निदान, रोबोटिक्स और अन्य क्षेत्रों में किया जाने लगा।

AI का शीतकालीन युग

1980 के दशक में, AI के क्षेत्र में प्रगति धीमी हो गई। यह इस तथ्य के कारण था कि AI सिस्टम अक्सर गलतियां करते थे और लोगों की अपेक्षाओं को पूरा नहीं कर सकते थे। इस परिणामस्वरूप, AI के लिए धन कम हो गया और कई AI अनुसंधान परियोजनाओं को रद्द कर दिया गया।

AI का पुनर्जन्म

1990 के दशक में, AI के क्षेत्र में पुनर्जन्म हुआ। यह इस तथ्य के कारण था कि AI सिस्टम अधिक शक्तिशाली और सटीक हो गए थे। इसके अलावा, AI के नए अनुप्रयोगों की खोज की जा रही थी।

उदाहरण के लिए, AI का उपयोग अब स्वचालित गाड़ियां चलाने, धोखाधड़ी का पता लगाने और बीमारियों का निदान करने के लिए किया जाता है। AI का उपयोग वेबसाइटों और ऐप्स को अधिक उपयोगकर्ता-अनुकूल बनाने के लिए भी किया जाता है।

AI का भविष्य

AI एक तेजी से विकसित होती हुई तकनीक है, और इसके नए अनुप्रयोगों की खोज की जा रही है। AI का उपयोग हमारे जीवन के कई क्षेत्रों में किया जा सकता है, और यह हमारी दुनिया को बेहतर बनाने में मदद कर सकता है।

हालांकि, AI के कुछ संभावित जोखिम भी हैं। उदाहरण के लिए, AI का उपयोग स्वचालन के लिए किया जा सकता है, जिससे नौकरियां खत्म हो सकती हैं। AI का उपयोग निगरानी और नियंत्रण के लिए भी किया जा सकता है, जो निजता और स्वतंत्रता के लिए खतरा पैदा कर सकता है।

यह महत्वपूर्ण है कि AI लाभों और जोखिमों को संतुलित करें। यह सुनिश्चित करना महत्वपूर्ण है कि AI का उपयोग नैतिक और जिम्मेदार तरीके से किया जाए।

AI के भविष्य के कुछ संभावित अनुप्रयोग

- AI का उपयोग जलवायु परिवर्तन और अन्य वैश्विक चुनौतियों का समाधान खोजने के लिए किया जा सकता है।
- AI का उपयोग शिक्षा और स्वास्थ्य सेवा में सुधार के लिए किया जा सकता है।
- AI का उपयोग रचनात्मक उद्योगों में नए उत्पादों और सेवाओं को विकसित करने के लिए किया जा सकता है।

आर्टिफिशियल इंटेलिजेंस (AI) के विभिन्न प्रकार

आर्टिफिशियल इंटेलिजेंस (AI) मशीनों को बुद्धिमानी से व्यवहार करने की क्षमता प्रदान करने का विज्ञान है। AI के कई अलग-अलग प्रकार हैं, जो उनकी क्षमताओं और कार्यप्रणाली में भिन्न होते हैं।

AI के कुछ मुख्य प्रकार इस प्रकार हैं:

- **कमजोर AI (Weak AI):** कमजोर AI को संकीर्ण AI (Narrow AI) भी कहा जाता है। यह AI का सबसे सरल रूप है, जो केवल एक विशिष्ट कार्य में ही बुद्धिमानी से व्यवहार कर सकता है। उदाहरण के लिए, एक कमजोर AI सिस्टम शतरंज खेलने में बहुत अच्छा हो सकता है, लेकिन वह अन्य कार्यों को करने में सक्षम नहीं होगा, जैसे कि बातचीत करना या रचनात्मकता दिखाना।

- **सामान्य AI (General AI):** सामान्य AI वह AI है जो किसी भी कार्य में मनुष्य की तरह ही बुद्धिमानी से व्यवहार कर सकता है। सामान्य AI अभी तक विकसित नहीं किया गया है, लेकिन यह AI का अंतिम लक्ष्य है।

- **सुपर AI (Super AI):** सुपर AI वह AI है जो किसी भी कार्य में मनुष्य से भी अधिक बुद्धिमानी से व्यवहार कर सकता है। सुपर AI भी अभी तक विकसित नहीं किया गया है, और यह कुछ वैज्ञानिकों को चिंतित करता है, क्योंकि वे मानते हैं कि सुपर AI मनुष्यों के लिए खतरा पैदा कर सकता है।

AI के इन तीन मुख्य प्रकारों के अलावा, AI के कई अन्य प्रकार भी हैं, जिनमें शामिल हैं:

- **प्रतीकात्मक AI (Symbolic AI):** प्रतीकात्मक AI एक ऐसा AI दृष्टिकोण है जो तर्क और प्रतीकात्मक ज्ञान का उपयोग करके समस्याओं को हल करता है। प्रतीकात्मक AI का उपयोग

विशेषज्ञ प्रणाली और प्रतीकात्मक गणित प्रणाली जैसी प्रणालियों को विकसित करने के लिए किया जाता है।

- **संभाव्य AI (Probabilistic AI)**: संभाव्य AI एक ऐसा AI दृष्टिकोण है जो अनिश्चितता और अधूरे ज्ञान के साथ व्यवहार करने के लिए संभावना और आंकड़ों का उपयोग करता है। संभाव्य AI का उपयोग मशीन लर्निंग और प्राकृतिक भाषा प्रसंस्करण जैसी प्रणालियों को विकसित करने के लिए किया जाता है।

- **मशीन लर्निंग (Machine Learning)**: मशीन लर्निंग AI का एक उपक्षेत्र है जो कंप्यूटरों को डेटा से सीखने की क्षमता प्रदान करता है। मशीन लर्निंग का उपयोग कई अलग-अलग अनुप्रयोगों में किया जाता है, जैसे कि छवि पहचान, प्राकृतिक भाषा प्रसंस्करण और धोखाधड़ी का पता लगाना।

- **गहराई से सीखना (Deep Learning)**: गहराई से सीखना मशीन लर्निंग का एक उपक्षेत्र है जो कृत्रिम तंत्रिका नेटवर्क का उपयोग करके समस्याओं को हल करता है। कृत्रिम तंत्रिका नेटवर्क मस्तिष्क के न्यूरॉन्स की तरह काम करने वाले गणितीय मॉडल हैं। गहराई से सीखने का उपयोग कई अलग-अलग अनुप्रयोगों में किया जाता है, जैसे कि छवि पहचान, प्राकृतिक भाषा प्रसंस्करण और स्वचालित अनुवाद।

AI के इन विभिन्न प्रकारों का उपयोग कई अलग-अलग उद्योगों और अनुप्रयोगों में किया जा रहा है, जिनमें शामिल हैं:

- **स्वास्थ्य देखभाल**: AI का उपयोग बीमारियों का निदान करने, उपचार की योजना बनाने और दवाओं को विकसित करने में मदद करने के लिए किया जा रहा है।

- **वित्त**: AI का उपयोग धोखाधड़ी का पता लगाने, जोखिम का आकलन करने और निवेश के फैसले लेने में मदद करने के लिए किया जा रहा है।

- **परिवहन:** AI का उपयोग स्वयं-ड्राइविंग कारों, ट्रकों और ड्रोन को विकसित करने में मदद करने के लिए किया जा रहा है।
- **ग्राहक सेवा:** AI का उपयोग चैटबॉट और वर्चुअल सहायक विकसित करने में मदद करने के लिए किया जा रहा है जो ग्राहकों को सहायता प्रदान कर सकते हैं।

आर्टिफिशियल इंटेलिजेंस (AI) के लाभ और जोखिम

आर्टिफिशियल इंटेलिजेंस (AI) मशीनों को बुद्धिमानी से व्यवहार करने की क्षमता प्रदान करने का विज्ञान है। AI के कई संभावित लाभ हैं, लेकिन कुछ संभावित जोखिम भी हैं।

AI के लाभ

- **दक्षता और उत्पादकता में वृद्धि:** AI का उपयोग कई अलग-अलग कार्यों को स्वचालित करने के लिए किया जा सकता है, जिससे दक्षता और उत्पादकता में वृद्धि हो सकती है। उदाहरण के लिए, AI का उपयोग ग्राहक सेवा प्रक्रियाओं को स्वचालित करने, चिकित्सा निदान करने और कानूनी दस्तावेजों की समीक्षा करने के लिए किया जा सकता है।

- **बेहतर निर्णय लेना:** AI का उपयोग बड़ी मात्रा में डेटा को विश्लेषण करने और इससे अंतर्दृष्टि निकालने के लिए किया जा सकता है, जिससे बेहतर निर्णय लेने में मदद मिल सकती है। उदाहरण के लिए, AI का उपयोग वित्तीय जोखिम का आकलन करने, चिकित्सा उपचार की योजना बनाने और विपणन अभियान चलाने के लिए किया जा सकता है।

- **नए उत्पादों और सेवाओं का विकास:** AI का उपयोग नए उत्पादों और सेवाओं को विकसित करने के लिए किया जा सकता है जो पहले संभव नहीं थे। उदाहरण के लिए, AI का उपयोग स्वयं-ड्राइविंग कारों, कृत्रिम बुद्धि वाले चैटबॉट और व्यक्तिगत अनुशंसा प्रणालियों को विकसित करने के लिए किया जा सकता है।

- **जीवन की गुणवत्ता में सुधार:** AI का उपयोग कई तरह से जीवन की गुणवत्ता में सुधार कर सकता है। उदाहरण के लिए, AI का उपयोग शिक्षा और स्वास्थ्य सेवा की पहुंच और गुणवत्ता में सुधार करने के लिए किया जा सकता है, विकलांग लोगों की मदद के लिए और पर्यावरण की रक्षा के लिए किया जा सकता है।

AI के जोखिम

- **नौकरियों का नुकसान:** AI के उपयोग से कुछ नौकरियां खत्म हो सकती हैं, क्योंकि मशीनें कई कार्यों को करने में सक्षम हो जाएंगी जो वर्तमान में मनुष्यों द्वारा किए जाते हैं। यह सामाजिक और आर्थिक चुनौतियों को पैदा कर सकता है।

- **निगरानी और नियंत्रण:** AI का उपयोग निगरानी और नियंत्रण के लिए किया जा सकता है, जिससे निजता और स्वतंत्रता के लिए खतरा पैदा हो सकता है। उदाहरण के लिए, AI का उपयोग चेहरे की पहचान और सोशल मीडिया डेटा विश्लेषण के माध्यम से लोगों की गतिविधियों को ट्रैक करने के लिए किया जा सकता है।

- **हथियारों के रूप में AI का उपयोग:** AI का उपयोग हथियारों के रूप में किया जा सकता है, जिससे युद्ध और हिंसा का खतरा बढ़ सकता है। उदाहरण के लिए, AI का उपयोग स्वायत्त हथियारों को विकसित करने के लिए किया जा सकता है जो मानव हस्तक्षेप के बिना निर्णय ले सकते हैं।

- **AI द्वारा मनुष्यों का नियंत्रण:** कुछ वैज्ञानिकों को चिंता है कि भविष्य में, AI इतना शक्तिशाली हो सकता है कि यह मनुष्यों के नियंत्रण से बाहर हो सकता है। इससे विनाशकारी परिणाम हो सकते हैं, जैसे कि AI द्वारा मनुष्यों को नुकसान पहुंचाना या मनुष्यों द्वारा निर्णय लेने की प्रक्रिया में AI का हस्तक्षेप करना।

यह महत्वपूर्ण है कि हम AI के लाभों और जोखिमों को संतुलित करें। AI का उपयोग नैतिक और जिम्मेदार तरीके से किया जाना चाहिए। हमें सुनिश्चित करना चाहिए कि AI का उपयोग मानवता के लाभ के लिए किया जाए, न कि इसके विनाश के लिए।

AI हमारे भविष्य के लिए क्यों महत्वपूर्ण है?

आर्टिफिशियल इंटेलिजेंस (AI) मशीनों को बुद्धिमानी से व्यवहार करने की क्षमता प्रदान करने का विज्ञान है। AI हमारे भविष्य के लिए महत्वपूर्ण है क्योंकि यह हमारे जीवन के कई क्षेत्रों में क्रांति लाने की क्षमता रखता है।

AI के कुछ संभावित लाभ जो हमारे भविष्य को बेहतर बना सकते हैं, इस प्रकार हैं:

- AI का उपयोग दक्षता और उत्पादकता में वृद्धि करने के लिए किया जा सकता है। उदाहरण के लिए, AI का उपयोग विनिर्माण प्रक्रियाओं को स्वचालित करने, ग्राहक सेवा प्रक्रियाओं में तेजी लाने और चिकित्सा निदान करने के लिए किया जा सकता है। इससे मनुष्यों को अधिक जटिल और रचनात्मक कार्यों पर ध्यान केंद्रित करने की अनुमति मिल सकती है।
- AI का उपयोग बेहतर निर्णय लेने में मदद करने के लिए किया जा सकता है। उदाहरण के लिए, AI का उपयोग वित्तीय जोखिम का आकलन करने, चिकित्सा उपचार की योजना बनाने और विपणन अभियान चलाने के लिए किया जा सकता है। इससे बेहतर परिणामों और कम त्रुटियों में योगदान हो सकता है।
- AI का उपयोग नए उत्पादों और सेवाओं को विकसित करने के लिए किया जा सकता है। उदाहरण के लिए, AI का उपयोग स्वयं-ड्राइविंग कारों, कृत्रिम बुद्धि वाले चैटबॉट और व्यक्तिगत अनुशंसा प्रणालियों को विकसित करने के लिए किया जा सकता है। ये उत्पाद और सेवाएं हमारे जीवन को आसान और अधिक सुविधाजनक बना सकते हैं।
- AI का उपयोग जीवन की गुणवत्ता में सुधार करने के लिए किया जा सकता है। उदाहरण के लिए, AI का उपयोग शिक्षा और स्वास्थ्य सेवा की पहुंच और गुणवत्ता में सुधार करने, विकलांग लोगों की मदद के लिए और पर्यावरण की रक्षा के लिए किया जा सकता है।

हालांकि, AI के कुछ संभावित जोखिम भी हैं जिनके बारे में हमें अवगत होना चाहिए। इनमें से कुछ जोखिमों में शामिल हैं:

- AI के उपयोग से कुछ नौकरियां खत्म हो सकती हैं। जैसा कि AI अधिक परिष्कृत हो जाता है, यह संभव है कि मशीनें कई कार्यों को करने में सक्षम होंगी जो वर्तमान में मनुष्यों द्वारा किए जाते हैं। इससे सामाजिक और आर्थिक चुनौतियां पैदा हो सकती हैं।
- AI का उपयोग निगरानी और नियंत्रण के लिए किया जा सकता है। AI का उपयोग लोगों की गतिविधियों को ट्रैक करने के लिए किया जा सकता है, जिससे निजता और स्वतंत्रता के लिए खतरा पैदा हो सकता है।
- AI का उपयोग हथियारों के रूप में किया जा सकता है। स्वायत्त हथियारों को विकसित करने के लिए AI का उपयोग किया जा सकता है, जिससे युद्ध और हिंसा का खतरा बढ़ सकता है।

यह महत्वपूर्ण है कि हम AI के लाभों और जोखिमों को संतुलित करें। AI का उपयोग नैतिक और जिम्मेदार तरीके से किया जाना चाहिए। हमें सुनिश्चित करना चाहिए कि AI का उपयोग मानवता के लाभ के लिए किया जाए, न कि इसके विनाश के लिए।

AI हमारे भविष्य को आकार देने में एक महत्वपूर्ण भूमिका निभाएगा। यह महत्वपूर्ण है कि हम AI के विकास और उपयोग को निर्देशित करने में मदद करें ताकि यह सुनिश्चित हो सके कि इसका उपयोग हम सभी के लिए एक बेहतर भविष्य बनाने के लिए किया जाए।

Chapter 2: The Current State of AI

Chapter 2: एआई की वर्तमान स्थिति

एआई अनुसंधान और विकास की स्थिति

आर्टिफिशियल इंटेलिजेंस (AI) अनुसंधान और विकास तेजी से आगे बढ़ रहा है। दुनिया भर के विश्वविद्यालयों, अनुसंधान संस्थानों और कंपनियों में हजारों वैज्ञानिक और इंजीनियर AI पर काम कर रहे हैं।

AI अनुसंधान के कुछ प्रमुख क्षेत्रों में शामिल हैं:

- **मशीन लर्निंग:** मशीन लर्निंग वह क्षेत्र है जो कंप्यूटरों को डेटा से सीखने की क्षमता प्रदान करता है। मशीन लर्निंग एल्गोरिदम का उपयोग छवि पहचान, प्राकृतिक भाषा प्रसंस्करण और भविष्यवाणी जैसे कार्यों को हल करने के लिए किया जाता है।
- **गहराई से सीखना:** गहराई से सीखना मशीन लर्निंग का एक उपक्षेत्र है जो कृत्रिम तंत्रिका नेटवर्क का उपयोग करके समस्याओं को हल करता है। कृत्रिम तंत्रिका नेटवर्क मस्तिष्क के न्यूरॉन्स की तरह काम करने वाले गणितीय मॉडल हैं। गहराई से सीखने का उपयोग कई अलग-अलग कार्यों को हल करने के लिए किया जाता है, जिसमें छवि पहचान, प्राकृतिक भाषा प्रसंस्करण और मशीन अनुवाद शामिल हैं।
- **प्रतीकात्मक AI:** प्रतीकात्मक AI वह क्षेत्र है जो तर्क और प्रतीकात्मक ज्ञान का उपयोग करके समस्याओं को हल करता है। प्रतीकात्मक AI का उपयोग विशेषज्ञ प्रणाली और प्रतीकात्मक गणित प्रणाली जैसी प्रणालियों को विकसित करने के लिए किया जाता है।
- **रोबोटिक्स:** रोबोटिक्स एक ऐसा क्षेत्र है जो मशीनों को उनके पर्यावरण के साथ इंटरैक्ट करने और कार्य करने की क्षमता प्रदान

करता है। AI का उपयोग रोबोट्स को अधिक बुद्धिमान और स्वायत्त बनाने के लिए किया जाता है।

AI अनुसंधान और विकास ने हाल के वर्षों में कई महत्वपूर्ण प्रगति की है। उदाहरण के लिए, AI सिस्टम अब छवियों को पहचानने, प्राकृतिक भाषा को समझने और अनुवाद करने और खेलों में मनुष्यों को हराने में सक्षम हैं।

AI अनुसंधान और विकास के कुछ हालिया उदाहरणों में शामिल हैं:

- **Google DeepMind ने AlphaGo Zero विकसित किया, जो एक गो-प्लेइंग AI है जो किसी भी मानव खिलाड़ी को बिना किसी मानव डेटा या ज्ञान के हरा सकता है।**
- **OpenAI ने GPT-3 विकसित किया, जो एक बड़ा भाषा मॉडल है जो प्राकृतिक भाषा उत्पन्न कर सकता है, अनुवाद कर सकता है और कोड लिख सकता है।**
- **Microsoft ने DALL-E 2 विकसित किया, जो एक AI सिस्टम है जो टेक्स्ट विवरणों से यथार्थी और कलात्मक छवियां बना सकता है।**

AI अनुसंधान और विकास के कई चुनौतियां भी हैं। उदाहरण के लिए, AI सिस्टम अभी भी कुछ कार्यों में मनुष्यों से पीछे हैं, जैसे कि सामान्य ज्ञान और रचनात्मकता। इसके अलावा, AI सिस्टम के बारे में कुछ संभावित सुरक्षा और नैतिक चिंताएं भी हैं।

हालांकि, AI अनुसंधान और विकास के दीर्घकालिक दृष्टिकोण सकारात्मक हैं। AI के पास कई तरह से हमारे जीवन को बेहतर बनाने की क्षमता है, जैसे कि चिकित्सा निदान और उपचार में सुधार, शिक्षा की गुणवत्ता में सुधार और जलवायु परिवर्तन जैसी वैश्विक चुनौतियों का समाधान।

AI अनुसंधान और विकास के भविष्य के लिए कुछ संभावित दिशाओं में शामिल हैं:

- AI सिस्टम को अधिक सामान्य ज्ञान और रचनात्मकता विकसित करने में मदद करना।
- AI सिस्टम को अधिक सुरक्षित और नैतिक रूप से विकसित करना।
- AI सिस्टम को हमारे जीवन के सभी क्षेत्रों में अधिक व्यापक रूप से लागू करना।

AI के वर्तमान अनुप्रयोग

आर्टिफिशियल इंटेलिजेंस (AI) मशीनों को बुद्धिमानी से व्यवहार करने की क्षमता प्रदान करने का विज्ञान है। AI के कई अलग-अलग अनुप्रयोग हैं, और यह तेजी से हमारे जीवन के कई क्षेत्रों में समाधान प्रदान कर रहा है।

AI के कुछ वर्तमान अनुप्रयोगों में शामिल हैं:

- **स्वास्थ्य सेवा:** AI का उपयोग चिकित्सा निदान और उपचार में सुधार के लिए किया जा रहा है। उदाहरण के लिए, AI का उपयोग मेडिकल इमेजिंग का विश्लेषण करने, दवाओं को विकसित करने और चिकित्सा निर्णय लेने में मदद करने के लिए किया जा रहा है।
- **वित्त:** AI का उपयोग धोखाधड़ी का पता लगाने, जोखिम का आकलन करने और निवेश के फैसले लेने में मदद के लिए किया जा रहा है। उदाहरण के लिए, AI का उपयोग क्रेडिट कार्ड धोखाधड़ी का पता लगाने, बीमा जोखिम का आकलन करने और स्टॉक पोर्टफोलियो का प्रबंधन करने के लिए किया जा रहा है।
- **परिवहन:** AI का उपयोग स्वयं-ड्राइविंग कारों और ट्रकों को विकसित करने के लिए किया जा रहा है। AI का उपयोग ट्रैफिक प्रबंधन में सुधार करने और सार्वजनिक परिवहन की दक्षता बढ़ाने के लिए भी किया जा रहा है।
- ** ग्राहक सेवा:** AI का उपयोग चैटबॉट और वर्चुअल सहायक विकसित करने के लिए किया जा रहा है जो ग्राहकों को सहायता प्रदान कर सकते हैं। AI का उपयोग ग्राहक सेवा प्रक्रियाओं को स्वचालित करने और ग्राहक संतुष्टि में सुधार करने के लिए भी किया जा रहा है।
- **विनिर्माण:** AI का उपयोग विनिर्माण प्रक्रियाओं को स्वचालित करने और उत्पाद की गुणवत्ता में सुधार के लिए किया जा रहा है। उदाहरण के लिए, AI का उपयोग उत्पाद दोषों का पता लगाने,

उत्पादन लाइनों को अनुकूलित करने और भविष्यवाणी रखरखाव करने के लिए किया जा रहा है।

- **शिक्षा:** AI का उपयोग शिक्षा की गुणवत्ता को बढ़ाने के लिए किया जा रहा है। उदाहरण के लिए, AI का उपयोग छात्रों को उनकी व्यक्तिगत गति से सीखने में मदद करने, शिक्षकों को छात्रों की प्रगति को ट्रैक करने में मदद करने और शिक्षण सामग्री को वैयक्तिकृत करने के लिए किया जा रहा है।
- **मनोरंजन:** AI का उपयोग वीडियो गेम, फिल्मों और टीवी शो के लिए अधिक यथार्थी और इमर्सिव अनुभव बनाने के लिए किया जा रहा है। AI का उपयोग संगीत और कला बनाने के लिए भी किया जा रहा है।
- **अन्य अनुप्रयोग:** AI का उपयोग कई अन्य क्षेत्रों में भी किया जा रहा है, जैसे कि कृषि, पर्यावरण संरक्षण और सुरक्षा। उदाहरण के लिए, AI का उपयोग फसलों की पैदावार बढ़ाने में मदद करने, प्रदूषण का स्तर कम करने और अपराध को रोकने में मदद करने के लिए किया जा रहा है।

AI के वर्तमान अनुप्रयोगों से यह स्पष्ट है कि AI तकनीक तेजी से हमारे जीवन के कई क्षेत्रों में परिवर्तन ला रही है। AI के अनुप्रयोगों की सीमा अनंत है, और यह संभावना है कि भविष्य में AI हमारे जीवन में और अधिक व्यापक रूप से एकीकृत हो जाएगा।

AI के भविष्य के अनुप्रयोगों के कुछ संभावित उदाहरणों में शामिल हैं:

- AI का उपयोग व्यक्तिगत सहायकों को विकसित करने के लिए किया जा सकता है जो हमारे दैनिक जीवन के कई कार्यों में हमारी मदद कर सकते हैं।
- AI का उपयोग स्वचालित घरों और कार्यालयों को विकसित करने के लिए किया जा सकता है जो हमारे लिए जीवन को आसान बनाते हैं।

- AI का उपयोग नई दवाओं और चिकित्सा उपचारों को विकसित करने के लिए किया जा सकता है जो बीमारियों का इलाज करने और जीवन बचाने में मदद कर सकते हैं।
- AI का उपयोग जलवायु परिवर्तन और अन्य वैश्विक चुनौतियों का समाधान खोजने के लिए किया जा सकता है.

AI की चुनौतियाँ और अवसर

आर्टिफिशियल इंटेलिजेंस (AI) मशीनों को बुद्धिमत्तापूर्ण व्यवहार करने की क्षमता प्रदान करने का विज्ञान है। AI के कई संभावित लाभ हैं, लेकिन कुछ चुनौतियाँ भी हैं।

AI की कुछ चुनौतियों में शामिल हैं:

- **AI सिस्टम को विकसित करना और प्रशिक्षित करना मुश्किल और महंगा हो सकता है।** AI सिस्टम को बड़ी मात्रा में डेटा की आवश्यकता होती है, और उन्हें इस डेटा को समझने और सीखने के लिए जटिल एल्गोरिदम का उपयोग करना चाहिए।
- **AI सिस्टम में पूर्वाग्रह हो सकता है।** AI सिस्टम उस डेटा के आधार पर सीखते हैं जो उन्हें दिया जाता है, इसलिए यदि वह डेटा पूर्वाग्रह से ग्रस्त है, तो AI सिस्टम भी पूर्वाग्रह से ग्रस्त हो जाएगा। उदाहरण के लिए, यदि एक AI सिस्टम को चेहरे की पहचान के लिए प्रशिक्षित किया जाता है और उस डेटा में मुख्य रूप से गोरे पुरुष होते हैं, तो AI सिस्टम गोरे पुरुषों की पहचान करने में बेहतर हो सकता है और अन्य नस्लों और लिंगों के लोगों की पहचान करने में खराब हो सकता है।
- **AI सिस्टम सुरक्षा और सुरक्षा चिंताओं को उठा सकते हैं।** उदाहरण के लिए, AI सिस्टम का उपयोग साइबर हमलों को लॉन्च करने या स्वायत्त हथियार विकसित करने के लिए किया जा सकता है।
- **AI सिस्टम नौकरियां खत्म कर सकते हैं।** जैसा कि AI सिस्टम अधिक परिष्कृत हो जाते हैं, वे कई कार्यों को करने में सक्षम हो जाएंगे जो वर्तमान में मनुष्यों द्वारा किए जाते हैं। इससे सामाजिक और आर्थिक चुनौतियां पैदा हो सकती हैं।

AI के कुछ अवसरों में शामिल हैं:

- **AI का उपयोग कई तरह से हमारे जीवन को बेहतर बनाने के लिए किया जा सकता है।** उदाहरण के लिए, AI का उपयोग शिक्षा और स्वास्थ्य सेवा की पहुंच और गुणवत्ता में सुधार करने, विकलांग लोगों की मदद करने और पर्यावरण की रक्षा करने के लिए किया जा सकता है।

- **AI नई नौकरियां और उद्योग पैदा कर सकता है।** AI के विकास और उपयोग के लिए नए उत्पादों और सेवाओं की आवश्यकता होगी, और यह नए रोजगार के अवसर पैदा करेगा।

- **AI दुनिया को और अधिक कुशल और उत्पादक बना सकता है।** AI का उपयोग कई कार्यों को स्वचालित करने के लिए किया जा सकता है, जिससे समय और धन की बचत हो सकती है।

- **AI हमें नई चीजें सीखने और समझने में मदद कर सकता है।** AI का उपयोग बड़ी मात्रा में डेटा का विश्लेषण करने और इससे अंतर्दृष्टि निकालने के लिए किया जा सकता है, जो वैज्ञानिकों और इंजीनियरों को नई खोजें करने और नई तकनीक विकसित करने में मदद कर सकता है।

AI को नैतिक और जिम्मेदार तरीके से विकसित और उपयोग करना महत्वपूर्ण है। हमें यह सुनिश्चित करना चाहिए कि AI का उपयोग मानवता के लाभ के लिए किया जाए, न कि इसके विनाश के लिए।

Chapter 3: The Future of AI: Predictions and Trends

Chapter 3: AI का भविष्य: भविष्यवाणियां और रुझान

AI विकास में अनुमानित रुझान

आर्टिफिशियल इंटेलिजेंस (AI) तेजी से विकसित हो रही तकनीक है, और इसके नए अनुप्रयोगों की खोज की जा रही है। AI विकास में कई अनुमानित रुझान हैं, जो निम्नानुसार हैं:

- **AI अधिक सामान्य ज्ञान और रचनात्मकता विकसित करेगा।** वर्तमान AI सिस्टम विशिष्ट कार्यों को करने के लिए प्रशिक्षित हैं, जैसे कि छवि पहचान या प्राकृतिक भाषा प्रसंस्करण। हालांकि, भविष्य में, AI सिस्टम अधिक सामान्य ज्ञान और रचनात्मकता विकसित करेंगे। इससे उन्हें नई समस्याओं को हल करने और नए उत्पादों और सेवाओं को विकसित करने में सक्षम बनाया जाएगा।
- **AI अधिक मानवीय और सामाजिक रूप से बुद्धिमान हो जाएगा।** वर्तमान AI सिस्टम मनुष्यों की तरह सोचने और व्यवहार करने में सक्षम नहीं हैं। हालांकि, भविष्य में, AI सिस्टम अधिक मानवीय और सामाजिक रूप से बुद्धिमान बनेंगे। इससे उन्हें मनुष्यों के साथ बेहतर तरीके से बातचीत करने और हमारी जरूरतों को बेहतर ढंग से समझने में मदद मिलेगी।
- **AI हमारे जीवन के सभी क्षेत्रों में अधिक व्यापक रूप से एकीकृत हो जाएगा।** वर्तमान में, AI का उपयोग कुछ विशिष्ट अनुप्रयोगों में किया जाता है, जैसे कि स्मार्टफोन और स्वायत्त वाहन। हालांकि, भविष्य में, AI हमारे जीवन के सभी क्षेत्रों में अधिक व्यापक रूप से एकीकृत हो जाएगा। इसका उपयोग शिक्षा, स्वास्थ्य सेवा, परिवहन और विनिर्माण जैसे क्षेत्रों में समस्याओं को

हल करने और नई क्षमताओं को सक्षम बनाने के लिए किया जाएगा।

- **AI का उपयोग नए उत्पादों और सेवाओं को विकसित करने के लिए किया जाएगा।** AI का उपयोग नए उत्पादों और सेवाओं को विकसित करने के लिए किया जाएगा जो पहले संभव नहीं थे। उदाहरण के लिए, AI का उपयोग ड्रग्स और चिकित्सा उपचारों को विकसित करने, वैयक्तिकीकृत शिक्षण अनुभव प्रदान करने और नए प्रकार के मनोरंजन बनाने के लिए किया जाएगा।

- **AI का उपयोग दुनिया की समस्याओं को हल करने के लिए किया जाएगा, जैसे कि गरीबी, भूख और जलवायु परिवर्तन।** AI का उपयोग दुनिया की कुछ सबसे बड़ी चुनौतियों, जैसे कि गरीबी, भूख और जलवायु परिवर्तन को हल करने के लिए किया जा सकता है। उदाहरण के लिए, AI का उपयोग अधिक कुशल कृषि प्रणालियों को विकसित करने, नवीकरणीय ऊर्जा स्रोतों को बढ़ावा देने और प्राकृतिक आपदाओं की भविष्यवाणी करने के लिए किया जा सकता है।

AI विकास में ये कुछ अनुमानित रुझान हैं। ये रुझान हमारे जीवन को कई तरह से प्रभावित करेंगे। AI हमें नई और बेहतर उत्पादों और सेवाएं प्रदान करेगा, समस्याओं को हल करने में हमारी मदद करेगा और हमारे जीवन को बेहतर बनाने में मदद करेगा। हालांकि, यह महत्वपूर्ण है कि हम AI को नैतिक और जिम्मेदार तरीके से विकसित और उपयोग करें। हमें यह सुनिश्चित करना चाहिए कि AI का उपयोग मानवता के लाभ के लिए किया जाए, न कि इसके विनाश के लिए।

AI विकास को निर्देशित करने में हमारी भूमिका

हम AI विकास को निर्देशित करने में एक महत्वपूर्ण भूमिका निभा सकते हैं। हम यह सुनिश्चित करने के लिए काम कर सकते हैं कि AI को नैतिक और जिम्मेदार तरीके से विकसित और उपयोग किया जाए। हम AI के विकास और उपयोग को निर्देशित करने में मदद कर सकते हैं ताकि यह

सुनिश्चित हो सके कि इसका उपयोग हम सभी के लिए एक बेहतर भविष्य बनाने के लिए किया जाए।

निम्नलिखित कुछ तरीके हैं जिनसे हम AI विकास को निर्देशित करने में मदद कर सकते हैं:

- **AI के बारे में जागरूकता बढ़ाना।** अधिक से अधिक लोगों को AI के बारे में जानने की जरूरत है ताकि वे इसके लाभों और जोखिमों को समझ सकें। हम AI के बारे में सार्वजनिक शिक्षा बढ़ाकर और AI के बारे में नैतिक और सामाजिक विचारों पर चर्चा करके ऐसा कर सकते हैं।
- **AI नीतियों और मानकों का विकास करना।** AI के विकास और उपयोग को

AI के भविष्य में संभावित अनुप्रयोग

आर्टिफिशियल इंटेलिजेंस (AI) तेजी से विकसित हो रही तकनीक है, और इसके नए अनुप्रयोगों की खोज की जा रही है। AI के पास हमारे जीवन के कई क्षेत्रों में क्रांति लाने की क्षमता है, और इसके भविष्य के अनुप्रयोगों की सीमा अनंत है।

AI के भविष्य में कुछ संभावित अनुप्रयोगों में शामिल हैं:

- **शिक्षा:** AI का उपयोग शिक्षकों को छात्रों के सीखने के अनुभव को वैयक्तिकृत करने और उनकी प्रगति को बेहतर ढंग से ट्रैक करने में मदद करने के लिए किया जा सकता है। AI का उपयोग छात्रों को नई अवधारणाओं को समझने में मदद करने के लिए इंटरैक्टिव और शिक्षाप्रद सामग्री बनाने के लिए भी किया जा सकता है।
- **स्वास्थ्य सेवा:** AI का उपयोग रोगों का निदान करने, उपचार के विकल्पों की सिफारिश करने और दवाओं को विकसित करने में मदद करने के लिए किया जा सकता है। AI का उपयोग मेडिकल इमेजिंग का विश्लेषण करने, रोगियों के स्वास्थ्य डेटा को ट्रैक करने और निवारक देखभाल प्रदान करने में भी किया जा सकता है।
- **परिवहन:** AI का उपयोग स्वायत्त वाहनों को विकसित करने, ट्रैफिक प्रवाह को बेहतर बनाने और सार्वजनिक परिवहन को अधिक कुशल बनाने के लिए किया जा सकता है। AI का उपयोग हवा और समुद्री परिवहन को अधिक सुरक्षित और कुशल बनाने के लिए भी किया जा सकता है।
- **विनिर्माण:** AI का उपयोग उत्पादन प्रक्रियाओं को स्वचालित करने, उत्पाद की गुणवत्ता में सुधार करने और नई उत्पादों और सेवाओं को विकसित करने के लिए किया जा सकता है। AI का उपयोग आपूर्ति श्रृंखलाओं को बेहतर बनाने और रखरखाव कार्यों को अनुकूलित करने के लिए भी किया जा सकता है।
- **ग्राहक सेवा:** AI का उपयोग चैटबॉट और वर्चुअल सहायक विकसित करने के लिए किया जा सकता है जो ग्राहकों को 24/7

समर्थन प्रदान कर सकते हैं। AI का उपयोग ग्राहक की प्राथमिकताओं को समझने और उन्हें वैयक्तिकृत अनुभव प्रदान करने के लिए भी किया जा सकता है।

* **मनोरंजन:** AI का उपयोग अधिक यथार्थवादी और इमर्सिव वीडियो गेम, फिल्में और टेलीविजन शो बनाने के लिए किया जा सकता है। AI का उपयोग संगीत और कला बनाने के लिए भी किया जा सकता है।

* **अन्य अनुप्रयोग:** AI के कई अन्य क्षेत्रों में भी संभावित अनुप्रयोग हैं, जैसे कि कृषि, पर्यावरण संरक्षण और सुरक्षा। उदाहरण के लिए, AI का उपयोग फसलों की पैदावार बढ़ाने में मदद करने, प्रदूषण के स्तर को कम करने और अपराध को रोकने में मदद करने के लिए किया जा सकता है।

AI के ये कुछ संभावित भविष्य के अनुप्रयोग हैं। AI के पास हमारे जीवन के कई क्षेत्रों को बेहतर बनाने की क्षमता है, और यह संभावना है कि भविष्य में AI हमारे जीवन में और अधिक व्यापक रूप से एकीकृत हो जाएगा।

AI के भविष्य के अनुप्रयोगों के कुछ विशिष्ट उदाहरणों में शामिल हैं:

* **AI का उपयोग व्यक्तिगत सहायकों को विकसित करने के लिए किया जा सकता है जो हमारे दैनिक जीवन के कई कार्यों में हमारी मदद कर सकते हैं, जैसे कि शेड्यूलिंग, ईमेल प्रबंधन और खरीदारी।**

* **AI का उपयोग स्वचालित घरों और कार्यालयों को विकसित करने के लिए किया जा सकता है जो हमारे लिए जीवन को आसान बनाते हैं, जैसे कि रोशनी और तापमान को नियंत्रित करना और सुरक्षा प्रणालियों को प्रबंधित करना।**

* **AI का उपयोग नई दवाओं और चिकित्सा उपचारों को विकसित करने के लिए किया जा सकता है जो बीमारियों का**

इलाज करने और जीवन बचाने में मदद कर सकते हैं, जैसे कि कैंसर और अल्जाइमर।

एआई के नैतिक और सामाजिक निहितार्थ

आर्टिफिशियल इंटेलिजेंस (AI) तेजी से विकसित हो रही तकनीक है, और इसके नए अनुप्रयोगों की खोज की जा रही है। AI के कई संभावित लाभ हैं, लेकिन कुछ नैतिक और सामाजिक चिंताएं भी हैं।

AI के कुछ नैतिक निहितार्थों में शामिल हैं:

- **पूर्वाग्रह:** AI सिस्टम उस डेटा के आधार पर सीखते हैं जो उन्हें दिया जाता है, इसलिए यदि वह डेटा पूर्वाग्रह से ग्रस्त है, तो AI सिस्टम भी पूर्वाग्रह से ग्रस्त हो जाएगा। उदाहरण के लिए, यदि एक AI सिस्टम को चेहरे की पहचान के लिए प्रशिक्षित किया जाता है और उस डेटा में मुख्य रूप से गोरे पुरुष होते हैं, तो AI सिस्टम गोरे पुरुषों की पहचान करने में बेहतर हो सकता है और अन्य नस्लों और लिंगों के लोगों की पहचान करने में खराब हो सकता है।

- **जवाबदेही:** AI सिस्टम जटिल होते हैं, और यह हमेशा यह समझना मुश्किल होता है कि वे निर्णय कैसे लेते हैं। इससे जवाबदेही की समस्या पैदा हो सकती है। यदि एक AI सिस्टम गलती करता है, तो यह कठिन हो सकता है यह निर्धारित करने के लिए कि कौन जिम्मेदार है।

- **गोपनीयता और सुरक्षा:** AI सिस्टम बड़ी मात्रा में डेटा एकत्र करते हैं और उपयोग करते हैं, जिसमें व्यक्तिगत जानकारी शामिल हो सकती है। इससे गोपनीयता और सुरक्षा की चिंताएं पैदा हो सकती हैं।

AI के कुछ सामाजिक निहितार्थों में शामिल हैं:

- **नौकरियां का विस्थापन:** AI के विकास के कारण कुछ नौकरियों का विस्थापन होने की संभावना है। उदाहरण के लिए, AI का उपयोग स्वयं-ड्राइविंग ट्रकों को विकसित करने के लिए किया जा रहा है, जो ट्रक ड्राइवरों की नौकरियों को खत्म कर सकता है।

- **आर्थिक असमानता:** AI के विकास से आर्थिक असमानता बढ़ सकती है। जो लोग AI तकनीक के मालिक हैं और इसका उपयोग करते हैं, वे उन लोगों की तुलना में अधिक लाभप्रद स्थिति में हो सकते हैं जिनके पास AI तकनीक तक पहुंच नहीं है।
- **सामाजिक नियंत्रण:** AI का उपयोग सामाजिक नियंत्रण को बढ़ाने के लिए किया जा सकता है। उदाहरण के लिए, AI का उपयोग निगरानी प्रणालियों को विकसित करने के लिए किया जा सकता है जो लोगों की गतिविधियों को ट्रैक करते हैं।

AI के नैतिक और सामाजिक निहितार्थों को संबोधित करना महत्वपूर्ण है ताकि हम यह सुनिश्चित कर सकें कि AI का उपयोग मानवता के लाभ के लिए किया जाए, न कि इसके विनाश के लिए।

AI के नैतिक और सामाजिक निहितार्थों को संबोधित करने के कुछ तरीकों में शामिल हैं:

- **AI के विकास और उपयोग में पारदर्शिता बढ़ाना।** यह हमें यह समझने में मदद करेगा कि AI सिस्टम कैसे काम करते हैं और निर्णय लेते हैं।
- **AI के विकास और उपयोग में सार्वजनिक भागीदारी बढ़ाना।** इससे यह सुनिश्चित करने में मदद मिलेगी कि AI का उपयोग हमारे सामूहिक मूल्यों और हितों के अनुरूप है।
- **AI के विकास और उपयोग को विनियमित करना।** इससे यह सुनिश्चित करने में मदद मिलेगी कि AI का उपयोग सुरक्षित और नैतिक तरीके से किया जाए।

Chapter 4: A Roadmap to Our Destiny: How to ensure that AI is used for good

Chapter 4: AI को अच्छे के लिए इस्तेमाल करने के लिए कैसे सुनिश्चित करें: हमारे भाग्य की एक रूपरेखा

AI को हमारे मूल्यों के अनुरूप कैसे सुनिश्चित करें

आर्टिफिशियल इंटेलिजेंस (AI) एक शक्तिशाली तकनीक है जिसकी हमारे जीवन को बेहतर बनाने की क्षमता है। हालांकि, यह महत्वपूर्ण है कि हम AI को नैतिक और जिम्मेदार तरीके से विकसित और उपयोग करें। इसका मतलब है यह सुनिश्चित करना कि AI हमारे मूल्यों के अनुरूप है।

AI को हमारे मूल्यों के अनुरूप बनाने के लिए हम क्या कर सकते हैं?

- **हम AI के विकास और उपयोग में पारदर्शिता बढ़ा सकते हैं।** इससे लोगों को यह समझने में मदद मिलेगी कि AI सिस्टम कैसे काम करते हैं और निर्णय लेते हैं। यह हमें यह पहचानने और संबोधित करने में भी मदद करेगा कि यदि AI सिस्टम में पूर्वाग्रह या अन्य समस्याएं हैं।
- **हम AI के विकास और उपयोग में सार्वजनिक भागीदारी बढ़ा सकते हैं।** इसका मतलब है कि AI के विकास और उपयोग में लोगों की चिंताओं और विचारों को शामिल करना। यह हमें यह सुनिश्चित करने में मदद करेगा कि AI का उपयोग उन तरीकों से किया जा रहा है जो हमारे सामाजिक मूल्यों के अनुरूप हैं।
- **हम AI के विकास और उपयोग को विनियमित कर सकते हैं।** इसका मतलब है कि AI के उपयोग के लिए कानून और नियम बनाना। यह हमें यह सुनिश्चित करने में मदद करेगा कि AI का उपयोग सुरक्षित और नैतिक तरीके से किया जा रहा है।

- **हम AI शिक्षा को बढ़ावा दे सकते हैं।** इसका मतलब है कि लोगों को AI के बारे में जानने और इसके संभावित लाभों और जोखिमों को समझने में मदद करना। यह हमें AI के विकास और उपयोग के बारे में अधिक सूचित निर्णय लेने में मदद करेगा।
- **हम AI के लिए नैतिक दिशानिर्देश विकसित कर सकते हैं।** ये दिशानिर्देश हमें यह सुनिश्चित करने में मदद करेंगे कि AI का उपयोग नैतिक और जिम्मेदार तरीके से किया जाए। उदाहरण के लिए, हम दिशानिर्देश विकसित कर सकते हैं कि AI का उपयोग हानिकारक स्वायत्त हथियार बनाने के लिए नहीं किया जाना चाहिए।

AI को हमारे मूल्यों के अनुरूप बनाना एक चुनौतीपूर्ण कार्य है, लेकिन यह महत्वपूर्ण है कि हम इसे करने का प्रयास करें। AI के पास हमारे जीवन को बेहतर बनाने की क्षमता है, लेकिन केवल अगर हम इसे नैतिक और जिम्मेदार तरीके से विकसित और उपयोग करें।

AI को हमारे मूल्यों के अनुरूप बनाने के लिए कुछ विशिष्ट कदम जो हम उठा सकते हैं, उनमें शामिल हैं:

- **AI नीतियों और मानकों का विकास करना:** हमें AI के विकास और उपयोग के लिए नीतियों और मानकों को विकसित करने की आवश्यकता है जो हमारे मूल्यों को दर्शाते हों। इन नीतियों और मानकों को पारदर्शिता, जवाबदेही, सुरक्षा और गोपनीयता जैसे सिद्धांतों पर आधारित होना चाहिए।
- **AI जोखिमों का आकलन करना:** हमें AI के संभावित जोखिमों का आकलन करने और उन जोखिमों को कम करने के लिए रणनीति विकसित करने की आवश्यकता है। उदाहरण के लिए, हमें AI सिस्टम में पूर्वाग्रह और भेदभाव को रोकने के लिए कदम उठाना चाहिए।
- **AI के लिए शिक्षा और प्रशिक्षण प्रदान करना:** हमें लोगों को AI के बारे में शिक्षित करने और AI का उपयोग करने के लिए प्रशिक्षण

प्रदान करने की आवश्यकता है। इससे लोगों को AI को नैतिक और जिम्मेदार तरीके से उपयोग करने में मदद मिलेगी।

- **AI के उपयोग की निगरानी करना**: हमें AI के उपयोग की निगरानी करने और यह सुनिश्चित करने की आवश्यकता है कि AI का उपयोग हमारे मूल्यों के अनुरूप किया जा रहा है। इसका मतलब है कि AI सिस्टम के निर्णयों को समझना और उनके प्रभाव का मूल्यांकन करना।

AI को दुर्भावनापूर्ण उद्देश्यों के लिए उपयोग होने से कैसे रोका जाए

आर्टिफिशियल इंटेलिजेंस (AI) एक शक्तिशाली तकनीक है जिसकी हमारे जीवन को बेहतर बनाने की क्षमता है। हालांकि, यह महत्वपूर्ण है कि हम AI को नैतिक और जिम्मेदार तरीके से विकसित और उपयोग करें। इसका मतलब है AI को दुर्भावनापूर्ण उद्देश्यों के लिए उपयोग होने से रोकना।

AI को दुर्भावनापूर्ण उद्देश्यों के लिए उपयोग होने से रोकने के लिए हम क्या कर सकते हैं?

- **AI के विकास और उपयोग में पारदर्शिता बढ़ाएं।** इससे लोगों को यह समझने में मदद मिलेगी कि AI सिस्टम कैसे काम करते हैं और निर्णय लेते हैं। यह हमें यह पहचानने और संबोधित करने में भी मदद करेगा कि यदि AI सिस्टम में पूर्वाग्रह या अन्य समस्याएं हैं।

- **AI के विकास और उपयोग में सार्वजनिक भागीदारी बढ़ाएं।** इसका मतलब है कि AI के विकास और उपयोग में लोगों की चिंताओं और विचारों को शामिल करना। यह हमें यह सुनिश्चित करने में मदद करेगा कि AI का उपयोग उन तरीकों से किया जा रहा है जो हमारे सामाजिक मूल्यों के अनुरूप हैं।

- **AI के विकास और उपयोग को विनियमित करें।** इसका मतलब है कि AI के उपयोग के लिए कानून और नियम बनाना। यह हमें यह सुनिश्चित करने में मदद करेगा कि AI का उपयोग सुरक्षित और नैतिक तरीके से किया जा रहा है।

- **AI शिक्षा को बढ़ावा दें।** इसका मतलब है कि लोगों को AI के बारे में जानने और इसके संभावित लाभों और जोखिमों को समझने में मदद करना। इससे हमें AI के विकास और उपयोग के बारे में अधिक सूचित निर्णय लेने में मदद करेगा।

- **AI के लिए नैतिक दिशानिर्देश विकसित करें।** ये दिशानिर्देश हमें यह सुनिश्चित करने में मदद करेंगे कि AI का उपयोग नैतिक

और जिम्मेदार तरीके से किया जाए। उदाहरण के लिए, हम दिशानिर्देश विकसित कर सकते हैं कि AI का उपयोग हानिकारक स्वायत्त हथियार बनाने के लिए नहीं किया जाना चाहिए।

- **AI सिस्टम में सुरक्षा उपायों को लागू करें।** इसका मतलब है कि AI सिस्टम में ऐसे उपाय लागू करना जो उन्हें दुर्भावनापूर्ण हमलों से बचा सकें। उदाहरण के लिए, हम AI सिस्टम को ऐसी डेटासेट पर प्रशिक्षित कर सकते हैं जिसमें दुर्भावनापूर्ण हमलों के उदाहरण शामिल हों।

- **AI तकनीक को सामाजिक रूप से लाभप्रद तरीके से विकसित और उपयोग करें।** इसका मतलब है कि AI तकनीक को उन तरीकों से विकसित और उपयोग करना जो समाज को लाभान्वित करें। उदाहरण के लिए, हम AI तकनीक का उपयोग शिक्षा, स्वास्थ्य और पर्यावरण संरक्षण जैसे क्षेत्रों में समस्याओं को हल करने के लिए कर सकते हैं।

AI को दुर्भावनापूर्ण उद्देश्यों के लिए उपयोग होने से रोकना एक चुनौतीपूर्ण कार्य है, लेकिन यह महत्वपूर्ण है कि हम इसे करने का प्रयास करें। AI के पास हमारे जीवन को बेहतर बनाने की क्षमता है, लेकिन केवल अगर हम इसे नैतिक और जिम्मेदार तरीके से विकसित और उपयोग करें।

AI को दुर्भावनापूर्ण उद्देश्यों के लिए उपयोग होने से रोकने के लिए कुछ विशिष्ट कदम जो हम उठा सकते हैं, उनमें शामिल हैं:

- **AI के लिए एक वैश्विक नियामक ढांचा विकसित करना:** हमें AI के विकास और उपयोग के लिए एक वैश्विक नियामक ढांचा विकसित करने की आवश्यकता है। यह सुनिश्चित करेगा कि AI का उपयोग सभी देशों में सुरक्षित और नैतिक तरीके से किया जा रहा है।

- **AI सुरक्षा अनुसंधान में निवेश करना:** हमें AI सुरक्षा अनुसंधान में निवेश करने की आवश्यकता है ताकि हम AI सिस्टम को दुर्भावनापूर्ण हमलों से बेहतर ढंग से बचा सकें।

- **AI शिक्षा और प्रशिक्षण प्रदान करना:** हमें लोगों को AI के बारे में शिक्षित करने और AI का उपयोग करने के लिए प्रशिक्षण प्रदान करने की आवश्यकता है। इससे लोगों को AI को नैतिक और जिम्मेदार तरीके से उपयोग करने

कैसे सुनिश्चित करें कि AI सभी मानवता को लाभान्वित करे

आर्टिफिशियल इंटेलिजेंस (AI) एक शक्तिशाली तकनीक है जिसकी हमारे जीवन को बेहतर बनाने की क्षमता है। हालांकि, यह महत्वपूर्ण है कि हम AI को नैतिक और जिम्मेदार तरीके से विकसित और उपयोग करें। इसका मतलब है यह सुनिश्चित करना कि AI सभी मानवता को लाभान्वित करे।

AI को सभी मानवता को लाभान्वित करने के लिए सुनिश्चित करने के लिए, हमें निम्नलिखित कदम उठाने चाहिए:

- **AI के विकास और उपयोग में पारदर्शिता बढ़ाएं।** इससे लोगों को यह समझने में मदद मिलेगी कि AI सिस्टम कैसे काम करते हैं और निर्णय लेते हैं। यह हमें यह पहचानने और संबोधित करने में भी मदद करेगा कि यदि AI सिस्टम में पूर्वाग्रह या अन्य समस्याएं हैं।

- **AI के विकास और उपयोग में सार्वजनिक भागीदारी बढ़ाएं।** इसका मतलब है कि AI के विकास और उपयोग में लोगों की चिंताओं और विचारों को शामिल करना। यह हमें यह सुनिश्चित करने में मदद करेगा कि AI का उपयोग उन तरीकों से किया जा रहा है जो हमारे सामाजिक मूल्यों के अनुरूप हैं।

- **AI के विकास और उपयोग को विनियमित करें।** इसका मतलब है कि AI के उपयोग के लिए कानून और नियम बनाना। यह हमें यह सुनिश्चित करने में मदद करेगा कि AI का उपयोग सुरक्षित और नैतिक तरीके से किया जा रहा है।

- **AI शिक्षा को बढ़ावा दें।** इसका मतलब है कि लोगों को AI के बारे में जानने और इसके संभावित लाभों और जोखिमों को समझने में मदद करना। इससे हमें AI के विकास और उपयोग के बारे में अधिक सूचित निर्णय लेने में मदद मिलेगी।

- **AI के लिए नैतिक दिशानिर्देश विकसित करें।** ये दिशानिर्देश हमें यह सुनिश्चित करने में मदद करेंगे कि AI का उपयोग नैतिक

और जिम्मेदार तरीके से किया जाए। उदाहरण के लिए, हम दिशानिर्देश विकसित कर सकते हैं कि AI का उपयोग हानिकारक स्वायत्त हथियार बनाने के लिए नहीं किया जाना चाहिए।

- **AI के लाभों को समान रूप से वितरित करें।** यह सुनिश्चित करना महत्वपूर्ण है कि AI के लाभ सभी लोगों को समान रूप से प्राप्त हों, न कि केवल कुछ धनी देशों या व्यक्तियों को। इसका मतलब है कि AI तकनीक को सभी के लिए सुलभ बनाने और AI के उपयोग को बढ़ावा देने के लिए नीतियों और कार्यक्रमों को विकसित करना।

AI को सभी मानवता को लाभान्वित करने के लिए सुनिश्चित करना एक चुनौतीपूर्ण कार्य है, लेकिन यह महत्वपूर्ण है कि हम इसे करने का प्रयास करें। AI के पास हमारे जीवन को बेहतर बनाने की क्षमता है, लेकिन केवल अगर हम इसे नैतिक और जिम्मेदार तरीके से विकसित और उपयोग करें।

AI को सभी मानवता को लाभान्वित करने के लिए सुनिश्चित करने के लिए कुछ विशिष्ट कदम जो हम उठा सकते हैं, उनमें शामिल हैं:

- **AI के लिए वैश्विक नीतियां और मानक विकसित करना:** हमें AI के विकास और उपयोग के लिए वैश्विक नीतियों और मानक विकसित करने की आवश्यकता है। इससे यह सुनिश्चित होगा कि AI का उपयोग सभी देशों में सुरक्षित और नैतिक तरीके से किया जा रहा है।

- **AI तकनीक को विकासशील देशों में स्थानांतरित करना:** हमें विकासशील देशों में AI तकनीक को स्थानांतरित करने की आवश्यकता है ताकि वे भी AI के लाभों से लाभ उठा सकें। इसका मतलब है कि AI तकनीक को खुला स्रोत बनाना और विकासशील देशों के वैज्ञानिकों और इंजीनियरों को AI में प्रशिक्षण देना।

- **AI के लिए एक नया सामाजिक अनुबंध विकसित करना:** हमें AI के लिए एक नया सामाजिक अनुबंध विकसित करने की आवश्यकता है जो सुनिश्चित करे कि AI का उपयोग सभी लोगों के

लाभ के लिए किया जाए। इसका मतलब है कि AI के लाभों को साझा करने और AI के उपयोग से होने वाले किसी भी नकारात्मक प्रभाव को कम करने के लिए नीतियों और कार्यक्रमों को विकसित करना।

Chapter 5: Conclusion: The Future of AI is ours to create

Chapter 5: AI का भविष्य हमारे द्वारा बनाया जाएगा

पुस्तक के प्रमुख बिंदुओं का सारांश

आर्टिफिशियल इंटेलिजेंस (AI) हमारे समय की सबसे शक्तिशाली तकनीकों में से एक है। इसकी हमारे जीवन को बेहतर बनाने की क्षमता है, लेकिन इसके कुछ संभावित नकारात्मक प्रभाव भी हैं।

यह पुस्तक AI के विकास और उपयोग के नैतिक और सामाजिक निहितार्थों पर चर्चा करती है। यह उन कदमों की भी पहचान करती है जो हम ले सकते हैं यह सुनिश्चित करने के लिए कि AI का उपयोग सभी मानवता के लाभ के लिए किया जाए।

पुस्तक के कुछ प्रमुख बिंदु इस प्रकार हैं:

- AI एक शक्तिशाली उपकरण है जिसका उपयोग हमारे जीवन को बेहतर बनाने के लिए किया जा सकता है। हालांकि, यह महत्वपूर्ण है कि हम AI को नैतिक और जिम्मेदार तरीके से विकसित और उपयोग करें।
- AI में पूर्वग्रह और भेदभाव की क्षमता है। यह महत्वपूर्ण है कि हम AI सिस्टम को पूर्वग्रह मुक्त और समावेशी बनाने के लिए कदम उठाएं।
- AI की जवाबदेही और सुरक्षा एक चिंता का विषय है। यह महत्वपूर्ण है कि हम AI सिस्टम को विकसित करें और उनका उपयोग करें ताकि वे जवाबदेह और सुरक्षित हों।
- AI का उपयोग पारदर्शी और सार्वजनिक रूप से स्वीकृत तरीके से किया जाना चाहिए। यह महत्वपूर्ण है कि लोगों को AI के बारे में

पता हो और इसके विकास और उपयोग में भाग लेने की क्षमता हो।

पुस्तक यह भी तर्क देती है कि AI का भविष्य हमारे द्वारा बनाया जाएगा। हमारे हाथों में है कि हम AI को एक बेहतर दुनिया के लिए एक शक्तिशाली उपकरण बनाएंगे या नहीं।

हम AI का उपयोग करने के लिए क्या कर सकते हैं?

पुस्तक में AI के विकास और उपयोग के लिए निम्नलिखित सिफारिशें की गई हैं:

- AI के विकास और उपयोग में पारदर्शिता बढ़ाएं।
- AI के विकास और उपयोग में सार्वजनिक भागीदारी बढ़ाएं।
- AI के विकास और उपयोग को विनियमित करें।
- AI शिक्षा को बढ़ावा दें।
- AI के लिए नैतिक दिशानिर्देश विकसित करें।
- AI के लाभों को समान रूप से वितरित करें।

पुस्तक यह भी तर्क देती है कि AI के लिए एक नया सामाजिक अनुबंध विकसित करने की आवश्यकता है। यह अनुबंध यह सुनिश्चित करेगा कि AI का उपयोग सभी लोगों के लाभ के लिए किया जाए।

निष्कर्ष

AI हमारे समय की सबसे शक्तिशाली तकनीकों में से एक है। इसकी हमारे जीवन को बेहतर बनाने की क्षमता है, लेकिन इसके कुछ संभावित नकारात्मक प्रभाव भी हैं।

यह महत्वपूर्ण है कि हम AI को नैतिक और जिम्मेदार तरीके से विकसित और उपयोग करें। हम ऐसा पारदर्शिता बढ़ाकर, सार्वजनिक भागीदारी को बढ़ावा देकर, AI को विनियमित करके, AI शिक्षा को बढ़ावा देकर,

AI के लिए नैतिक दिशानिर्देश विकसित करके और AI के लाभों को समान रूप से वितरित करके कर सकते हैं।

AI का भविष्य हमारे द्वारा बनाया जाएगा। यह हमारे हाथों में है कि हम इसे एक बेहतर दुनिया के लिए एक शक्तिशाली उपकरण बनाएंगे या नहीं।

पाठकों से AI के भविष्य को आकार देने में शामिल होने का आह्वान

आर्टिफिशियल इंटेलिजेंस (AI) हमारे समय की सबसे शक्तिशाली तकनीकों में से एक है। इसकी हमारे जीवन को बेहतर बनाने की क्षमता है, लेकिन इसके कुछ संभावित नकारात्मक प्रभाव भी हैं।

AI के भविष्य को आकार देने की जिम्मेदारी हम सभी की है। हम ऐसे AI भविष्य को बनाने में मदद कर सकते हैं जो सुरक्षित, नैतिक और समावेशी हो।

पाठक कैसे शामिल हो सकते हैं?

यहां कुछ तरीके दिए गए हैं जिनसे पाठक AI के भविष्य को आकार देने में शामिल हो सकते हैं:

- **AI के बारे में जानें:** AI के बारे में जितना अधिक आप जानेंगे, उतना ही बेहतर ढंग से आप इसके संभावित लाभों और जोखिमों को समझ पाएंगे। आप AI के बारे में किताबें पढ़कर, लेख पढ़कर और ऑनलाइन कोर्स करके AI के बारे में जान सकते हैं।
- **AI के विकास और उपयोग में शामिल हों:** यदि आप तकनीकी रूप से जानकार हैं, तो आप AI के विकास और उपयोग में शामिल हो सकते हैं। आप AI कंपनियों में काम कर सकते हैं, ओपन सोर्स AI प्रोजेक्ट्स में योगदान दे सकते हैं, या अपना खुद का AI प्रोजेक्ट शुरू कर सकते हैं।
- **AI नीति और विनियमन में भाग लें:** AI के विकास और उपयोग को विनियमित करने के लिए सरकारें कानून और नीतियां विकसित कर रही हैं। आप अपनी सरकार से संपर्क करके और AI नीति और विनियमन पर अपनी राय देकर इस प्रक्रिया में भाग ले सकते हैं।
- **AI शिक्षा और जागरूकता फैलाएं:** AI के बारे में अन्य लोगों को शिक्षित करना और उन्हें जागरूक करना महत्वपूर्ण है। आप अपने

दोस्तों, परिवार और समुदाय के साथ AI के बारे में बात करके, AI कार्यशालाओं और टॉक का आयोजन करके, या AI-संबंधी लेख और वीडियो साझा करके ऐसा कर सकते हैं।

AI के भविष्य को आकार देने की आवश्यकता क्यों है?

AI के भविष्य को आकार देने की आवश्यकता है क्योंकि AI हमारे जीवन के हर पहलू को प्रभावित करेगा। AI का उपयोग हमारे स्वास्थ्य, शिक्षा, अर्थव्यवस्था और पर्यावरण को बेहतर बनाने के लिए किया जा सकता है। हालांकि, AI का उपयोग दुर्भावनापूर्ण उद्देश्यों के लिए भी किया जा सकता है, जैसे कि निगरानी, भेदभाव और युद्ध।

यदि हम AI के भविष्य को आकार नहीं देंगे, तो कोई और करेगा। यह महत्वपूर्ण है कि हम AI के विकास और उपयोग को नियंत्रित करें ताकि यह सुनिश्चित हो सके कि इसका उपयोग सभी मानवता के लाभ के लिए किया जाए।

AI के भविष्य को आकार देने के लिए एक साथ काम करना

AI के भविष्य को आकार देने के लिए हमें एक साथ काम करने की आवश्यकता है। हमें विभिन्न क्षेत्रों के लोगों को एक साथ लाने और AI के भविष्य के बारे में बातचीत करने की आवश्यकता है। हमें AI के विकास और उपयोग के लिए एक नया सामाजिक अनुबंध विकसित करने की आवश्यकता है जो सुनिश्चित करे कि AI सभी लोगों के लाभ के लिए उपयोग किया जाए।

मैं आपसे आह्वान करता हूं कि आप AI के भविष्य को आकार देने में शामिल हों। AI हमारे समय की सबसे शक्तिशाली तकनीकों में से एक है। यह हमारे हाथों में है कि हम इसका उपयोग एक बेहतर दुनिया बनाने के लिए करेंगे या नहीं।

AI के भविष्य को आकार देने में शामिल होने के लिए कुछ विशिष्ट कार्य जो आप कर सकते हैं:

- **AI के लिए नैतिक दिशानिर्देश विकसित करने में मदद करें:** AI के उपयोग को निर्देशित करने के लिए नैतिक दिशानिर्देशों को विकसित करने में मदद करें। आप AI कंपनियों, सरकारों और गैर-लाभकारी संगठनों के साथ काम करके ऐसा कर सकते हैं।
- **AI शिक्षा के लिए वकालत करें:** AI शिक्षा को सभी के लिए सुलभ बनाने के लिए वकालत करें। आप अपनी सरकार से संपर्क करके और AI-संबंधी शिक्षा कार्यक्रमों को बढ़ावा देकर ऐसा कर सकते हैं।
- **AI के लिए एक नया सामाजिक अनुबंध बनाने में मदद करें:** AI के उपयोग को